INSTRUCTIONS

SUR

LE JURY,

PAR B. ARDOUIN,

Commissaire du Gouvernement près le Tribunal Civil du
Port-au-Prince.

PORT-AU-PRINCE,

DE L'IMPRIMERIE DU GOUVERNEMENT.

Octobre 1829.

PREFACE.

Il y a deux années d'écoulées depuis que la nouvelle législation criminelle est en vigueur, et déjà l'on a pu remarquer qu'il en résulte un immense avantage pour la société tout entière. A l'instruction secrète qui se fesait, a succédé la publicité des débats, sauvegarde de l'innocence : aux magistrats qui jugeaient l'accusé, après avoir eux-mêmes procédé à l'information de la cause, ont succédé des juges du fait qui lui est imputé ; des juges qui, jusque-là, n'en ont eu aucune connaissance et qui n'ont pu, conséquemment, concevoir aucune prévention contre l'individu qu'ils doivent juger.

Le jugement par jury a donc un avantage inappréciable sur l'ancienne forme de procéder ! La vie, la liberté et l'honneur des citoyens ont donc obtenu une puissante garantie par cette institution salutaire !... Que la nation

soit donc reconnaissante envers le Chef du Gou‑
vernement qui en a doté notre pays ! Il a
mérité notre gratitude : il est de notre devoir
de lui en offrir l'hommage.

Mais, ce serait inutilement qu'une institu‑
tion aussi protectrice des droits de l'homme
aurait été adoptée, si les citoyens qui sont
appelés à remplir les fonctions de jurés ne se
pénétraient de leurs devoirs ; s'ils n'acquéraient
les connaissances indispensables pour l'accom‑
plissement parfait de ces devoirs.

C'est pour leur faciliter cette étude que j'ai
conçu l'idée de tracer des instructions sur le
jury ; et bien que les jurés du ressort du tri‑
bunal près lequel j'exerce mes fonctions aient
fait preuve de beaucoup de sagacité, néan‑
moins ils ont parfois commis quelques erreurs,
non pas toujours dans leurs déclarations, mais
dans la manière de les rendre. Ces instruc‑
tions pourront peut-être les leur faire éviter
à l'avenir : tel est mon but, tels sont mes
vœux.

Après cet exposé de mes motifs, il ne sera
sans doute pas nécessaire que je dise au pu‑
blic que ces instructions sont moins mon ou‑
vrage que l'œuvre des jurisconsultes français

qui ont commenté le code d'instruction criminelle et le code pénal : il suffira de les lire
pour reconnaître ce que je dis, puisque je
me suis borné à copier leurs textes dans certains cas. Le public saura aussi que j'ai senti
la nécessité de soumettre cet essai aux lu-
mières de quelques personnes dont la sincérité m'a conseillé beaucoup de corrections
que j'ai faites : je dois donc espérer aussi
qu'il m'indiquera les erreurs qu'il aura pu remarquer, afin que je profite de ses sages
critiques, si l'utilité d'une réimpression était
reconnue.

INSTRUCTIONS

LE JURY.

Après que l'appel des jurés a été fait en la chambre du conseil, et que le sort a eu désigné les citoyens qui doivent composer le jury, le tribunal criminel ayant pris siége dans la salle d'audience, les douze jurés sont placés, dit l'article 224 du code d'instruction criminelle, sur des siéges séparés du public, des parties et des témoins, en face de celui qui est destiné à l'accusé.

Ici commencent les graves fonctions de jurés. Ce n'est point inutilement que la loi s'est occupée de régler la place de ces magistrats temporaires : séparés du public, des parties et des témoins, ils sont avertis par-là qu'on a voulu les mettre dans l'impossibilité d'être influencés par les spectateurs, par ceux qui poursuivent civilement l'accusation, et même par les témoins ; car un seul mot échappé à la vigilance du magistrat qui dirige les débats, et adressé aux jurés que l'on approcherait de trop près, pourrait être d'une influence dangereuse sur l'esprit de ces hommes dont le premier devoir est d'être dégagés de toute prévention quelconque.

Les jurés dont la conviction doit se former de tous les élémens que fournissent les débats, les jurés, placés en face de l'accusé, doivent être attentifs à découvrir dans l'ensemble de son maintien, et dans les rapports que ce maintien peut avoir avec les charges qui sont produites contre lui, ou avec les témoignages qu'il pourrait fournir en sa faveur, tout ce qui est de nature à *soulever plus ou moins le voile dont la vérité est enveloppée*. Cependant, il est nécessaire de remarquer que la preuve de la culpabilité de l'accusé ne peut dépendre de ces *indices*, que *lorsqu'ils excluent la possibilité de l'innocence*. Très-souvent un malheureux, qu'une accusation a conduit dans les prisons et qui comparaît pour la première fois devant des juges et un auditoire nombreux, peut être troublé par le spectacle imposant de la justice : on le jugerait coupable au premier abord, lorsque la suite des débats finit par démontrer que sa faute n'a pas été aussi grave qu'on l'avait cru, ou que des apparences trompeuses l'ont rendu victime d'une poursuite rigoureuse.

Art. 227. Le doyen du tribunal criminel adressera aux jurés debout et découverts, le discours suivant :

« Vous jurez et promettez devant Dieu et devant les hommes, d'examiner avec l'attention la plus scrupuleuse les charges qui seront portées contre N.....; de ne trahir ni les intérêts de l'accusé, ni ceux de la société qui l'accuse; de ne communiquer avec personne jusqu'après votre déclaration; de n'écouter ni la haine ou la méchanceté, ni la crainte ou l'affection; de vous décider, d'après les charges et les moyens de défense, suivant votre conscience et votre intime conviction, avec l'impartialité et la fermeté qui conviennent à un homme probe et libre. »

Chacun des jurés appelés individuellement par le doyen, répondra, en levant la main, *Je le jure*, à peine de nullité.

En prescrivant le serment que doit prêter chacun des jurés, avant de commencer l'examen de l'accusé, cet article leur a indiqué en peu de mots tous les devoirs qu'ils ont à remplir. C'est devant la divinité et les hommes qu'ils contractent l'engagement le plus sacré, de décider du sort de leur semblable, d'après leur conscience et leur intime conviction, avec l'impartialité et la fermeté dignes d'hommes probes et libres. Cette formule n'a pas besoin de commentaires, si ce n'est une explication qu'exige cette phrase, *de ne communiquer avec personne jusqu'après votre déclaration*. On entend par-là que les jurés, lors même que la cause ne peut être jugée dans une seule audience et qu'ils se retirent chez eux , ne doivent s'entretenir avec personne de rien qui y soit relatif, afin qu'aucune prévention ne puisse leur être suggérée ; soit contre l'accusé, soit en sa faveur.

Après que ce serment a été prêté , que le greffier a eu lu l'ordonnance de renvoi et l'acte d'accusation , et que le commissaire du gouvernement a eu exposé le sujet de l'accusation , les témoins déposent successivement. C'est encore ici que les jurés doivent prêter toute leur attention pour bien suivre chaque témoin dans sa déposition : aucune circonstance ne doit être négligée ; chaque juré a le droit, en demandant la parole au doyen , d'interroger les témoins et l'accusé pour avoir les éclaircissemens qu'il croira nécessaires à la manifestation de la vérité ; il peut prendre des notes pour aider sa mémoire sur telle ou telle circonstance : mais il doit s'abstenir de donner aucun signe , de faire aucun geste d'où l'on pourrait inférer qu'il conçoit telle ou telle opinion : l'impassibilité convient à son caractère de *juge du fait* : il doit se rappeler surtout que quelque solennité que la loi prescrive pour la prestation du serment des témoins, ils peuvent, dans le cours de leurs dépositions , oublier que de leur témoignage vont dépendre , peut-être , la vie , la liberté ou l'honneur de l'accusé. Il peut arriver qu'un homme que le hasard a rendu témoin du fait imputé à l'accusé, se laisse entraîner mal-

gré lui à une funeste prévention et croie réellement qu'il est coupable : dès-lors il peut s'efforcer
de transmettre cette prévention aux jurés, en ou-
bliant que son rôle se borne à dire toute la vérité
et rien que la vérité. Les jurés doivent donc en
quelque sorte juger les témoignages produits contre
l'accusé, de même que ceux qu'il aurait fournis en
sa faveur.

Enfin, le ministère public et la partie civile (s'il
y en a une) ont été entendus dans les moyens qui
appuient l'accusation, et le conseil de l'accusé a
proposé sa défense ; les débats sont terminés, et
le doyen du tribunal a rempli la tâche la plus dé-
licate que la loi lui ait prescrite, en fesant un résumé impartial de l'affaire : il a fait remarquer aux
jurés les principales preuves pour ou contre l'accusé, il leur a rappelé les fonctions qu'ils ont à
remplir, et posé les questions auxquelles ils doivent
répondre : il les a remises au chef du jury, ainsi
que toutes les pièces de la procédure, à l'exception
des dépositions écrites des témoins qui ne peuvent
être soumises à l'examen du jury, pour qu'elles ne
soient d'aucune influence sur l'esprit des jurés qui,
déjà, ont entendu les dépositions orales des mêmes
témoins.

Entrés dans leur chambre, avant de commencer
la délibération, les jurés entendront lecture de
l'instruction suivante que donnera leur chef, afin

de leur rappeler de nouveau les devoirs qu'ils ont
à remplir.

« La loi ne demande pas compte aux jurés, des moyens
par lesquels ils se sont convaincus; elle ne leur prescrit
point de règles desquelles ils doivent faire particulièrement
dépendre la plénitude et la suffisance d'une preuve : elle leur
prescrit de s'interroger eux-mêmes dans le recueillement, et
de chercher, dans la sincérité de leur conscience, quelle
impression ont faite sur leur raison, les preuves rapportées
contre l'accusé, et les moyens de sa défense. La loi ne leur
dit point : *Vous tiendrez pour vrai tout fait attesté par tel ou
tel nombre de témoins*; elle ne leur dit pas non plus : *Vous
ne regarderez pas comme suffisamment établie, toute preuve
qui ne sera pas formée de tel procès-verbal, de telles pièces,
de tant de témoins, ou de tant d'indices*; elle ne leur fait que
cette seule question : *Avez-vous une intime conviction?*

« Ce qu'il est bien essentiel de ne pas perdre de vue,
c'est que toute la délibération du jury porte sur l'acte d'accusation ; c'est aux faits qui le constituent, et qui en dé-
pendent, qu'ils doivent uniquement s'attacher ; et ils man-
quent à leur premier devoir, lorsque pensant aux dispositions des lois pénales, ils considèrent les suites que pourra
avoir, par rapport à l'accusé, la déclaration qu'ils ont à
faire. Leur mission n'a pas pour objet la poursuite ni la
punition des délits ; ils ne sont appelés que pour déclarer
si l'accusé est, ou non, coupable du crime qu'on lui im-
pute. »

Cette instruction est si claire, qu'elle ne semble
avoir besoin d'aucune explication. Il est seulement
nécessaire, peut-être, de répéter avec elle, que

les jurés ne doivent pas croire que l'accusé est coupable, par cela seul que les dépositions de deux ou d'un plus grand nombre de témoins sont concordantes contre lui : quel que soit leur nombre, les jurés ne doivent s'attacher qu'à l'ensemble des débats pour juger de l'innocence ou de la culpabilité de l'accusé ; car il peut arriver aussi qu'aucun témoin ne soit produit aux débats, et cependant il pourra en résulter que les jurés le reconnaîtront coupable.

Il en est de même des procès-verbaux qui constatent ordinairement le corps du délit : ils peuvent être d'un grand poids dans l'esprit des jurés (lorsque des officiers de police judiciaire les ont dressés) pour les convaincre que le crime a réellement existé, qu'il a été commis ; mais il peut arriver aussi qu'aucun procès-verbal n'aura été rédigé pour constater le délit, parce que ces officiers n'en auront pas été prévenus à tems, ou que des crimes, tels que les vols, peuvent avoir été commis sans qu'il soit possible d'en reconnaître l'existence autrement que par la plainte du propriétaire et les autres actes de l'instruction.

Il faut donc en revenir à cette seule question que leur adresse la loi : *Avez-vous une intime conviction ?* c'est-à-dire, *êtes-vous intimement convaincus, dans la sincérité de votre conscience, que l'accusé est coupable, ou qu'il est innocent ?*

Aʀт. 257. Les jurés ne pourront sortir de leur chambre qu'après avoir formé leur déclaration. L'entrée ne pourra être permise pendant leur délibération, pour quelque cause que ce soit, que par le doyen du tribunal criminel, et par écrit.....

Le tribunal pourra punir le juré contrevenant d'une amende de quatre cents gourdes au plus.

Cette rigueur est nécessaire pour empécher les jurés d'être influencés. Ils doivent donc s'abstenir de sortir, et s'opposer à ce que personne ne vienne dans leur chambre, à moins que ce ne soit avec l'ordre écrit du doyen. Cependant, s'ils ont quelque besoin, ils peuvent le témoigner au chef de la gendarmerie de service qui en rendra compte au doyen. Ce chef ne peut se tenir près de leur chambre, afin qu'il n'entende pas la délibération, et ne sache pas l'opinion individuelle des jurés.

Si personne ne doit entendre leur délibération, combien ne doivent-ils pas être discrets, pour ne pas divulguer leur opinion respective? En effet, ne serait-il pas inconvenant, dangereux même, qu'un accusé qui aurait été acquitté parvînt à savoir que tel juré avait voté sa condamnation? Et quand même il serait reconnu coupable par la majorité, faut-il que sa famille sache quels sont ceux qui ont fait contre lui une déclaration défavorable? De là naîtraient des haînes entre les citoyens: ils doivent donc tous garder un secret inviolable sur leur délibération.

Revenons à l'article 251 du code d'instruction criminelle qui prescrit la formule de la question principale, résultant de l'acte d'accusation, qui doit être posée au jury par le doyen du tribunal criminel ; la voici :

« L'accusé est-il coupable d'avoir commis tel meurtre, tel vol ou tel autre crime, avec toutes les circonstances comprises dans le résumé de l'acte d'accusation ? »

La loi ayant prescrit au commissaire du gouvernement d'exposer *dans l'acte d'accusation*, 1.º la nature du délit qui forme la base de l'accusation ; 2.º le fait et toutes les circonstances qui peuvent aggraver ou diminuer la peine, et de terminer cet acte par un résumé, ce magistrat ne doit insérer *dans ce résumé que le fait principal* et seulement les *circonstances* qui, par leur nature et les dispositions de la loi, doivent *qualifier le crime* et *aggraver la peine* encourue pour le fait principal : les autres circonstances doivent être consignées dans le corps de l'acte d'accusation ; mais il peut arriver que le résumé ne contienne aucune circonstance, et néanmoins la question ci-dessus semble devoir être posée au jury, suivant le texte de la loi.

Pour mieux nous faire entendre, tâchons de préciser ces différentes expressions.

On entend par *fait principal*, le fait imputé à l'accusé, qu'il soit défendu et puni par la loi, ou qu'il n'ait pas été prévu.

Lorsqu'il est défendu, il est qualifié *crime*, *délit* ou *contravention*, et alors l'accusé déclaré coupable subit la peine infligée par la loi. Si, au contraire, il a été déclaré non coupable, il est *acquitté*.

Lorsque le fait imputé n'a pas été prévu par la loi, aucune peine n'étant alors prescrite, si l'accusé est déclaré coupable par le jury, il est *absous* par le tribunal.

Ainsi, les faits suivans sont des *crimes*, tels que le *vol*, ou la *soustraction frauduleuse de la chose d'autrui*, (c'est-à-dire, la soustraction faite avec l'intention coupable de *dépouiller* le détenteur de la chose enlevée, par infraction du droit de propriété); *le meurtre*, ou *l'homicide commis volontairement*; *l'assassinat*, ou *le meurtre commis avec préméditation* ou *de guet-apens*; *le parricide*, ou *le meurtre du père, de la mère ou de tout autre ascendant légitime ou naturel*; *l'infanticide*, ou *le meurtre d'un enfant nouveau-né*, etc.

La *circonstance aggravante* est une particularité que la loi reconnaît comme ajoutant à la gravité d'un fait qu'elle défend : ce qui entraîne une peine plus forte contre le délinquant.

Ainsi, suivant la loi, le *vol* peut être accompagné de cinq *circonstances aggravantes*, savoir : celles de *la main armée*, de *l'escalade*, de *l'effraction*, des *fausses-clefs* et *à l'aide de violence* : ces circonstances aggravent la peine qui est infligée au *vol* commis sans l'une d'elles.

(11)

Nous dirons donc avec le Répertoire de Jurisprudence de Merlin, que *les circonstances sont des particularités qui accompagnent un fait.*

Mais *le fait principal* peut être aussi accompagné de *particularités* qui ne sont pas des *circonstances aggravantes*, c'est-à-dire de *faits* dont la preuve reconnue par le jury n'aggrave point la peine déterminée par la loi pour le fait principal. Par exemple, un homme est accusé *d'avoir soustrait frauduleusement un objet qu'il a vendu à un autre ;* le *fait* de *la vente,* qui, dans ce cas, est une *particularité*, une circonstance du fait principal, s'il est consigné dans le résumé de l'acte d'accusation, ne constituera point une circonstance aggravante ; le jury peut donc reconnaître ce fait prouvé, et le tribunal ne prononcera cependant que la peine infligée au vol simple, c'est-à-dire sans aggravation. Néanmoins, il convient mieux que le ministère public n'insère point dans ce résumé ces particularités ; car, dit Mr. Carnot dans ses commentaires, " les circonstances du dé-
" lit qui ne tendent ni à le qualifier, ni à faire in-
" fliger à son auteur une peine plus forte, ne doi-
" vent pas entrer dans le résumé de l'acte d'accu-
" sation. "

Art. 258. Les jurés délibéreront sur le fait principal, et ensuite sur chacune des circonstances.

Mr. Carnot, dans ses commentaires sur le code d'instruction criminelle, dit encore :

" Avant que le chef du jury fasse à chaque juré " l'interpellation individuelle dont il est parlé " (art. 259), il doit s'être établi une discussion par- " ticulière sur le fait principal et sur chacune des " circonstances qui font l'objet de la première " question.

" Cette discussion préliminaire est extrêmement " utile. "

Ainsi, la première chose dont le jury devra s'oc- cuper dans la délibération, c'est de *distinguer* ce qui, dans le *résumé* de l'acte d'accusation, constitue *le fait principal* et *les circonstances*.

Ensuite, il passera à la délibération sur le fait principal, puis, sur chacune des circonstances.

Mr. Carnot, continue :

" Lorsque chacun des jurés a fait ses observa- " tions, et qu'il a entendu celles de ses collègues, " le chef du jury doit recueillir leur déclaration in- " dividuelle, dans l'ordre du tableau. "

Les jurés ont donc dû se placer dans leur cham- bre, selon l'ordre du tableau, c'est-à-dire, suivant la sortie de leur nom de l'urne, ainsi qu'ils sont placés à l'audience.

Et si chacun des jurés doit faire successivement ses observations (lorsqu'il en a à faire) et enten- dre celles de ses collègues, il est essentiel, peut-

(13)

être, de leur rappeler que dans le moment où ils vont prononcer sur le sort d'un individu que la société accuse d'une grande infraction, ils ne sauraient mettre trop de gravité dans l'exercice de fonctions aussi importantes.

Ce que nous disons de chaque juré en particulier s'applique bien plus spécialement au chef du jury. Il doit porter son attention à ce que la délibération se fasse avec méthode : il doit rappeler à l'ordre tout juré qui chercherait à faire adopter son opinion à un autre. La loi l'a institué chef du jury, parce qu'il était nécessaire qu'il y en eût un parmi les douze jurés *qui réglât l'ordre de la délibération*. Il ne peut donc pas se permettre de *résumer* de nouveau ce qui s'est passé dans les débats, le doyen du tribunal l'a déjà fait ; mais c'est à lui à donner lecture des pièces du procès qui lui ont été remises, si les jurés veulent s'assurer de quelque fait dont il aura été question dans les débats.

Art. 259. Le chef du jury les interrogera d'après les questions posées, et chacun d'eux répondra ainsi qu'il suit :

1.º Si le juré pense que le fait n'est pas constant, ou que l'accusé n'en est pas convaincu, il dira : *Non, l'accusé n'est pas coupable.*

En ce cas, le juré n'aura rien de plus à répondre.

2.º S'il pense que le fait est constant et que l'accusé en est convaincu, il dira : *Oui, l'accusé est coupable d'avoir commis le crime, avec toutes les circonstances comprises dans la position des questions.*

3.º S'il pense que le fait est constant, que l'accusé en est convaincu, mais que la preuve n'existe qu'à l'égard de quelques-unes des circonstances, il dira : *Oui, l'accusé est coupable d'avoir commis le crime avec telle circonstance ; mais il n'est pas constant qu'il l'ait fait avec telle autre.*

4.º S'il pense que le fait est constant, que l'accusé en est convaincu, mais qu'aucune des circonstances n'est prouvée, il dira : *Oui, l'accusé est coupable, mais sans aucune des circonstances.*

Mr. Carnot dit encore :

" Dans le jugement de tout procès criminel,
" deux points doivent principalement fixer l'atten-
" tion du jury : la constatation du corps du délit,
" et la culpabilité personnelle de l'accusé.

" Sur ces deux points, le jury doit avoir une
" entière conviction pour donner sa déclaration
" contre l'accusé ; car un crime peut avoir été com-
" mis, sans qu'il l'ait été par l'accusé ; et des in-
" dices, quelque forts qu'ils soient, ne peuvent éta-
" blir, d'une manière bien certaine, la culpabilité
" de l'accusé.

" C'est d'abord sur la *réalité* du crime que doit
" porter l'examen du jury ; car il ne peut y avoir
" de coupable, si le crime n'a pas été commis ; et
" lorsqu'il n'existe pas un corps de délit, comment
" avoir l'assurance que le crime a réellement été
" commis ?....

" Lorsque l'existence du crime est constante, le
" jury doit s'occuper du point de savoir si c'est l'ac-

« cusé soumis aux débats qui s'en est rendu cou-
« pable ; c'est alors que le jury doit user de toute
« sa sagacité pour apprécier les preuves qui ré-
« sultent des débats, soit à la charge, soit à la dé-
« charge de l'accusé.

« La preuve de culpabilité peut être *positive*,
« ou ne reposer que sur des *présomptions*.

« Les preuves *positives* doivent avoir sur l'esprit
« du jury une grande influence ; cependant, il ne
« doit s'y arrêter qu'autant que *les actes et les témoi-*
« *gnages* dont on les fait résulter lui paraissent mé-
« riter une pleine confiance.

« Mais quant aux *indices*, quelque graves qu'ils
« soient, le jury ne saurait trop s'en défier ; car
« ils pourraient s'accumuler sur l'accusé, sans qu'il
« en résultât la *certitude* qu'il fût réellement coupa-
« ble ; et ce n'est que lorsqu'il y a certitude de
« la culpabilité de l'accusé que le jury doit le dé-
« clarer coupable.

« Pour que les indices soient de nature à établir
« une certitude, il faut *qu'ils excluent la possibilité de*
« *l'innocence ;* ils n'établissent qu'une preuve *impar-*
« *faite*, s'ils n'excluent pas cette possibilité ; et il
« faut une preuve *parfaite* pour que la condamna-
« tion de l'accusé doive être prononcée.

« A défaut de preuves positives, c'est dans la
« réunion des indices que le jury doit chercher à
« pénétrer la vérité ; mais il ne doit jamais perdre

« de vue le principe que nous avons posé , qu'il faut ,
« pour prononcer la culpabilité de l'accusé , que la
« réunion des indices qui s'élèvent contre lui *exclue*
« *la possibilité* de son innocence ; ce serait , en effet ,
« une grande erreur que de croire que c'est une
« simple *possibilité de culpabilité* que le jury doit y
« chercher ; car ce n'est pas *sur la possibilité que*
« *l'accusé soit coupable*, qu'il doit être condamné,
« mais *sur l'impossibilité qu'il ne le soit pas.* »

Ainsi , chaque juré , étant interrogé sur le fait
principal , répondra au chef du jury :

Si le juré pense que le fait n'est pas constant , c'est-
à-dire , s'il pense que le crime n'existe pas réellement ; *ou que l'accusé n'en est pas convaincu* , c'est-à-dire,
s'il pense que ce n'est pas l'accusé qui a commis
le crime , il dira : *Non, l'accusé n'est pas coupable.*

Si , après avoir ainsi interrogé tous les jurés et
donné son opinion , le chef reconnaissait que six
ou un plus grand nombre fesaient la même réponse,
il serait inutile de continuer la délibération , quel-
les que soient les questions qui suivraient.

En ce cas, le juré n'aura rien de plus à répondre ;
car sa déclaration étant en faveur de l'accusé , qu'il
a déjà déclaré n'être pas coupable sur le fait principal , il s'ensuit qu'il ne peut pas non plus le con-
sidérer coupable sur aucune des circonstances ;
donc il n'a plus rien à dire , après sa première déclaration.

Si le chef du jury a reconnu que la majorité des jurés pense *que le fait est constant et que l'accusé en est convaincu*, il continuera l'interrogation comme dans les cas des N.os 2, 3 et 4, selon qu'il y aura lieu.

La majorité se compte depuis sept voix contre cinq, soit en faveur, soit contre l'accusé: l'égalité est en faveur de l'accusé.

Par exemple, si le résumé de l'acte d'accusation portait :

" *En conséquence, N....... est accusé d'avoir soustrait frauduleusement, à l'aide d'effraction et à main armée, des marchandises appartenant au citoyen P., dans la maison du citoyen R.* "

Le jury aurait à délibérer,

1.o Sur le fait principal qui est, dans ce cas, *la soustraction frauduleuse (ou le vol) de marchandises appartenant au citoyen P.* ;

2.o Sur la circonstance de *l'effraction*, qui est aggravante ;

3.o Sur celle de *la main armée*, qui l'est également.

Quant à cette phrase *dans la maison du citoyen R.*, c'est une *particularité* qui n'aggrave point la peine, mais qui sert à constater l'existence du crime: elle rentre nécessairement dans la question de savoir *si le crime est constant*; parconséquent dans l'objet de la première délibération : il ne faudrait donc pas en faire l'objet d'une délibération particulière.

Et si la majorité des jurés pensait que le vol a eu lieu et qu'il a été commis par l'accusé, avec les deux circonstances, la déclaration devrait porter : *Oui, l'accusé N..... est coupable d'avoir commis le crime qui lui est imputé, avec toutes les circonstances portées au résumé de l'acte d'accusation.*

Si, au contraire, la majorité pensait que le vol a eu lieu avec *l'effraction* seulement, la déclaration porterait : *Oui, l'accusé N.... est coupable d'avoir commis le crime qui lui est imputé, avec effraction ; mais il n'est pas constant qu'il l'ait commis à main armée.*

Il en serait de même si le jury pensait que le crime a été commis avec la circonstance de *la main armée* seulement.

Si, enfin, aucune des circonstances n'était admise, la déclaration porterait : Oui, *l'accusé N.... est coupable d'avoir commis le crime qui lui est imputé, mais sans aucune des circonstances portées au résumé de l'acte d'accusation.*

Art. 260. Le jury fera de plus, s'il y a lieu, une réponse particulière pour les cas prévus par les articles 253 et 254.

C'est-à-dire que si l'accusé a proposé pour excuse un fait admis comme tel par la loi, le jury devra délibérer pour faire une réponse à la question que le doyen aura posée à cet effet. Par exemple, si l'accusé, qui a commis un meurtre, prétend *que ce* crime a été provoqué par des coups ou violences graves envers sa personne ou envers celle d'autrui, la question qui sera faite au jury aura pour but de savoir si la provocation est constante, si elle a eu lieu.

Et encore, si l'accusé a moins de seize ans, la question tendra à savoir *s'il a agi avec discernement;* c'est-à-dire, *s'il a agi avec connaissance, s'il savait qu'il fesait le mal.*

Le jury aurait également une réponse particulière à faire dans le cas de l'article 252.

Art. 262. Les jurés rentreront ensuite dans l'auditoire, et reprendront leur place.

Le doyen du tribunal criminel leur demandera quel est le résultat de leur délibération.

Le chef du jury se levera, et la main placée sur son cœur, il dira : *Sur mon honneur et ma conscience, devant Dieu et devant les hommes, la déclaration du jury est : Oui, l'accusé est coupable, etc. : Non, l'accusé n'est pas coupable.*

Bien que cette formule prescrite au chef du jury ne le soit pas à peine de nullité, néanmoins il convient de l'observer lorsque le chef du jury rend compte de la délibération qui a eu lieu; mais toutes les fois que la déclaration porte *que l'accusé est coupable,* la loi n'a pas prescrit positivement une manière de s'exprimer, *quant à la déclaration,* le jury pouvant lui donner telle extension qu'il jugera nécessaire pour bien l'expliquer; pourvu qu'il n'y ait pas contradiction dans les idées. La *déclaration* commence à partir de ces mots : *Oui*, *l'accusé*, etc. ; *Non*, *l'accusé*, etc.

Art. 263. La déclaration du jury sera signée par le chef et remise au doyen du tribunal criminel ; le tout en présence des jurés.

Le doyen du tribunal criminel la signera et la fera signer par le greffier.

Ainsi, c'est en la salle d'audience que le chef du jury doit signer la déclaration et la remettre au doyen, en présence de ses collègues. Néanmoins, il n'y aurait point nullité de la déclaration, si le chef du jury l'avait signée dans la chambre des délibérations en présence de tous les jurés, et qu'il la remît aussi en leur présence.

Là se terminent les fonctions de jurés : le tribunal criminel n'a plus qu'à délibérer, sur les réquisitions du ministère public, pour l'application des lois pénales aux faits dont l'accusé est déclaré coupable. Et s'il ne l'a pas été, le doyen seul prononce son acquittement, et il est mis sur le champ en liberté, s'il n'est retenu pour autre cause.

Cependant, tous les faits qualifiés *crimes* par la loi devant être soumis au jugement du jury, on conçoit que les citoyens qui sont appelés à être jurés ne sauraient trop connaître les distinctions que la loi elle-même a établies, pour l'appréciation de la culpabilité ou de l'innocence des accusés. Il serait donc à désirer qu'ils pussent se nourrir, pour ainsi dire, de la lecture du code pénal, afin d'apprendre eux-mêmes à faire ces distinctions, et de pouvoir toujours prononcer leur déclaration avec une conscience éclairée par des motifs raisonnables.

Mais la plupart des citoyens qui exercent ces fonctions temporaires, ne pouvant se procurer les ouvrages qui expliquent les dispositions des lois pénales, nous avons pensé qu'il ne serait pas inutile de joindre aux instructions précédentes des extraits d'un ouvrage récemment publié sur cette matière par M. Rogron, avocat à la cour de cassation de France ; la diction lumineuse de cet auteur nous paraît une recommandation suffisante en faveur de son ouvrage qui, d'ailleurs, a obtenu les suffrages des gens éclairés de son pays.

Néanmoins, nous croyons devoir avertir nos concitoyens qu'ils ne doivent pas s'effrayer pour cela de l'étude que nous leur recommandons : en effet, les fonctions de jurés exigent moins des connaissances approfondies, que du bon sens et un cœur droit et probe, pour décider sur les questions qui leur sont ordinairement soumises. D'ailleurs, les débats d'une affaire criminelle amènent presque toujours des discussions lumineuses sur l'accusation, entre le ministère public et le conseil de l'accusé ; et les jurés sont alors à même d'en juger.

Nous ne nous occuperons que de certains crimes, et nous commencerons par l'article 2 du code pénal qui parle en général de la tentative de tous les crimes.

Art. 2. Toute tentative de crime qui aura été manifestée par des actes extérieurs et suivie d'un commencement d'exécution, si elle n'a été suspendue ou n'a manqué son effet que par des circonstances fortuites ou indépendantes de la volonté de l'auteur, est considérée comme le crime même.

Mr. Rogron dit:

La pensée, quelque criminelle qu'elle soit, n'est pas du ressort de la justice humaine; mais lorsqu'elle s'est manifestée déjà par des tentatives coupables, il n'est pas nécessaire que le crime ait été consommé, pour que la société ait été troublée, et par suite, pour que le châtiment soit infligé; cependant, comme il existe toujours entre la consommation du crime et la tentative de grandes différences, puisque l'une est toujours évidente, tandis que l'autre peut se dérober encore aux yeux les plus clairvoyants, la loi, pour éviter l'arbitraire, a pris soin d'indiquer les circonstances auxquelles on reconnaîtrait ces tentatives qu'on doit assimiler au crime lui-même: 1.º la tentative doit être manifestée *par des actes extérieurs*; 2.º elle doit être suivie *d'un commencement d'exécution*; 3.º elle n'a dû être suspendue, ou elle n'a dû manquer son ef-

et que *par des circonstances fortuites ou indépendantes de la volonté de son auteur.* Ces trois circonstances sont indispensables, et si une d'elles man-
quait, la tentative échapperait à la vindicte pu-
blique..... Ainsi, un individu s'introduit dans une
chambre, avec l'intention d'y voler, il y a là *un
acte extérieur......* Ainsi un individu s'introduit dans
une maison, et brise les armoires, dans lesquelles
il ne trouve rien ; bien qu'il n'y ait pas eu réellement de vol commis, il y a eu *commencement d'exécution,* et la tentative n'a manqué son effet que *par
une circonstance indépendante de la volonté de l'accusé.....*
Ainsi, une personne se dispose à manger les alimens auxquels une main coupable a mêlé des poi-
sons ; elle s'arrête tout-à-coup, parce que ces alimens lui répugnent, ou bien parce qu'un tiers l'a-
vertit. La circonstance est fortuite ou indépendante
de la volonté de l'auteur du crime, et la tentative doit être punie comme le crime même ; au
contraire, à l'instant où la personne qu'on a voulu
faire périr, porte à sa bouche les alimens empoi-
sonnés, le malheureux qui a conçu le crime l'arrête, il se repent et avoue son horrible projet. La
circonstance qui, dans ce cas, a suspendu ou fait
manquer le crime, émane de la volonté de l'auteur
de la tentative, et par suite, elle n'est pas punissable. La loi en effet ne frappe qu'à regret, elle
aime mieux empêcher le crime que de le punir ;

si l'auteur de la tentative, après avoir préparé le crime par des actes extérieurs, s'arrête, par un sentiment libre et spontané, sur le bord de l'abîme, il est sauvé. C'est un appel aux remords, une rémission, une grâce accordée au repentir volontaire.

Art. 42. *Les complices* d'un crime ou d'un délit seront punis de la même peine que les auteurs mêmes de ce crime ou de ce délit, sauf les cas où la loi en aurait ordonné autrement.

Les complices. — Le complice, en général, est celui qui a pris une part au crime commis par un autre individu.

Art. 43. Seront punis comme complices d'une action qualifiée crime ou délit, *ceux qui, par dons, promesses, menaces, abus d'autorité ou de pouvoir, machinations ou artifices coupables, auront provoqué à cette action,* ou donné des instructions pour la commettre ;

Ceux qui auront procuré des armes, des instruments, ou tout autre moyen qui aura servi à l'action, *sachant qu'ils devaient y servir ;*

Ceux qui auront, avec connaissance, aidé ou assisté l'auteur ou les auteurs de l'action dans les faits qui l'auront préparée ou facilitée, ou dans ceux qui l'auront consommée, etc.

Ceux qui, par dons, promesses, menaces. — Ainsi, un simple *conseil* ne pourrait constituer la complicité ; il faut qu'il y ait eu *provocation* au crime, au moyen de dons, promesses, menaces, etc. — *Abus d'autorité ou de pouvoir.* Ainsi, par exemple, il peut y avoir abus *d'autorité* de la part d'un père qui pousse son fils au crime, abus de *pouvoir* de la part d'un maître qui y détermine son domestique. — *Machinations ou artifices coupables.* Le mot *machination*, au propre, exprime l'action de produire une machine, un mécanisme quelconque ; au figuré, il signifie l'action de former des complots criminels, de faire jouer des ressorts cachés ; cependant, on a jugé que le mot *coupable* ne se rapportait, dans cet article, qu'aux artifices, de telle sorte que le mot machination présentait par lui-même une prévention de culpabilité, sans qu'il fût besoin d'y ajouter le mot *coupable.* — *Auront provoqué à cette action.* Il faut qu'il y ait *provocation* : aussi a-t-on jugé que le fait de n'avoir pas empêché un meurtre dont on a été témoin ne pouvait constituer la complicité. (Ceux qui *donnent des instructions* pour commettre l'action sont aussi coupables de complicité que ceux qui y ont *provoqué.*)

Sachant qu'ils devaient y servir. Cette circonstance est nécessaire pour établir l'intention de coopérer au crime, car il n'y a d'action coupable que celle qui réunit *le fait* et *l'intention.*

Ceux qui auront avec connaissance aidé ou assisté l'auteur. C'est encore ici la connaissance qui, avec le fait, constitue l'acte coupable ; la question posée au jury doit donc rappeler cette circonstance, et le jury doit la déclarer dans sa réponse.

Art. 44. *Ceux qui, sciemment, auront recélé, en tout ou en partie, des choses enlevées, détournées ou obtenues à l'aide d'un crime ou d'un délit, seront aussi punis comme complices de ce crime ou délit.*

Ceux qui, sciemment, auront recélé. C'est au moment même du recélé, que les individus dont il s'agit ici doivent avoir la connaissance que la chose provient d'un vol ; et conséquemment s'ils conservaient en leur possession des choses dont ils n'auraient connu l'origine que depuis qu'elles ont été placées dans leurs mains, ils ne pourraient être considérés comme complices. Si cette doctrine ne résulte pas bien positivement de l'article actuel, elle est commandée par la raison. — Une question grave que fait naître cet article, est celle de savoir si la femme qui a recélé les objets qu'elle savait avoir été volés par son mari peut être réputée complice ? Il faut distinguer si la femme n'a fait que souffrir le dépôt dans la maison conjugale des effets volés, ou encore si elle ne les a recélés que dans l'intention et avec la volonté de commettre le recélé que punit la loi ; c'est au jury à décider, d'après les circonstances, si cette volonté constitutive du crime a réellement existé ; et on

conçoit qu'il ne devra jamais consacrer l'affirma-
tive, qu'autant que les preuves d'une volonté coupable seront palpables; car dans le doute, on devra toujours penser que l'obéissance ou l'intention
de dérober son mari aux poursuites ont motivé la
conduite de la femme.

ART. 46. *Il n'y a ni crime ni délit, lorsque le prévenu
était en état de démence au tems de l'action, ou lorsqu'il a
été contraint par une force à laquelle il n'a pu résister.*

La question de la démence doit-elle être formel-
lement posée au jury, de telle sorte que le refus
de la lui soumettre entraînerait l'annulation des
débats et du jugement de condamnation? Il est de
jurisprudence que cette question n'a pas besoin
d'être proposée spécialement au jury, parce que la
démence étant un fait qui exclut la volonté, et
par suite la culpabilité, elle rentre nécessairement
dans la question principale : *l'accusé est-il coupable?*
En effet, si le jury, bien que le fait soit constant,
pense que l'accusé était, lorsqu'il l'a commis, en
état de démence ou sous l'empire de la force majeure, il doit répondre: *non, l'accusé n'est pas coupable;* car il n'y a pas de culpabilité là où il n'y
a pas de volonté libre et éclairée par la raison.
(Il est peut-être utile d'ajouter qu'un tribunal criminel ne doit pas poser une question de cette nature, parce que la loi a voulu qu'il ne fût posé au

jüry des questions pour savoir si l'accusé est excusable, que dans les cas qu'elle a elle-même prévus et admis comme tels: or, elle a dit qu'il n'y a
ni crime ni délit, lorsque l'accusé était en état de
démence, au tems de l'action, etc.; donc la démence ou la force majeure exclut toute culpabilité: donc c'est au jury seul à décider cette question, en s'occupant de la question principale.)

*Etait en état de démence au tems de l'action ou lors-
qu'il a été contraint par une force à laquelle il n'a pu
résister.* Ainsi que nous l'avons déjà remarqué, tout
crime ou délit se compose du *fait* et de *l'intention;*
or, dans les deux cas prévus par notre article,
aucune intention criminelle ne peut avoir existé de
la part du prévenu, puisque, ou il ne jouissait
pas de ses facultés morales, ou la contrainte seule
a dirigé l'emploi de ses forces physiques. C'est *au
tems de l'action* que la démence a dû exister; il
résulte de là, que si on pouvait établir d'une manière certaine, ce qui est toujours difficile, qu'un
homme *habituellement* en démence, a commis le crime dans un *intervalle lucide,* le jury pourrait déclarer l'accusé coupable. — Quant à *la force à laquelle
l'accusé n'a pu résister,* il est constant qu'elle ne s'aurait s'entendre que d'une force telle qu'elle exclut
toute idée de culpabilité; ainsi la crainte *révéren-
tielle,* c'est-à-dire cette crainte résultant du *respect*
que nous impriment les auteurs de nos jours, ni

l'obéissance domestique ne pourraient être invo-
quées comme exclusives de culpabilité.

Art. 48. Lorsque l'accusé aura moins de seize ans , s'il
est décidé. *qu'il a agi sans discernement , il sera acquitté , etc.*

Qu'il a agi sans discernement, il sera acquitté. Il est
jugé alors que l'*intention*, qui donne au *fait* les ca-
ractères de la culpabilité , n'a pas existé , et conséquemment l'accusé ne saurait encourir aucune
peine.

Art. 249. *L'homicide commis volontairement* est qualifié
meurtre.

L'homicide. Cette expression est générique : le meurtre , l'assassinat , le parricide , l'infanticide , l'em-
poisonnement , ne sont que des qualifications que
la loi donne à *l'homicide* , d'après certaines circonstances. — Si la mort n'a pas été le résultat immédiat des coups portés , y aurait-il meurtre ? Il faut
faire ici la distinction que nous avons présentée
précédemment ; si la mort , sans être le résultat
immédiat des blessures , en a cependant été la suite
nécessaire , cet article est appréciable , car l'auteur d'un fait s'expose à toutes les conséquences
de ce fait ; mais si la mort n'a pas été la conséquence des blessures , ou si la victime a échappé
tout-à-fait à la mort , il faut encore distinguer si

les blessures ont été faites ou non avec l'intention de tuer : si elles ont été faites dans cette intention, qui est constitutive du meurtre, et qui, par suite, doit être positivement énoncée dans la réponse du jury, il y a, non pas meurtre, mais tentative de meurtre punissable de la même peine, aux termes de l'article 2. S'il n'y a que simples blessures sans intention de tuer, le fait rentre dans l'application d'autres articles du code. — *Commis volontairement.* C'est la volonté seule qui donne à l'homicide le caractère de meurtre : aussi, l'homicide n'est-il pas punissable, s'il a été commis par *démence ou force majeure*; il peut même être *innocent*, 1.º lorsqu'il est ordonné par la loi et commandé par l'autorité légitime ; 2.º lorsqu'il a été commis pour la nécessité actuelle de la légitime défense de soi-même ou d'autrui, ou pour repousser, pendant la nuit, l'effraction ou l'escalade, les auteurs de vols ou de pillage exécutés avec violence. Il est *excusable* lorsqu'il a été provoqué par des coups ou des violences graves, lorsqu'il a été commis en repoussant, pendant le jour, l'effraction ou l'escalade de la maison. — Enfin, lorsqu'il a été commis par maladresse, imprudence, inattention ou inobservation des réglemens : la loi le punit alors de peines correctionnelles ; mais dans tous ces cas, il n'y a pas *meurtre* ; (il y a seulement *homicide.*)

Art. 250. Tout meurtre commis *avec préméditation ou de guet-apens*, est qualifié assassinat.

Avec préméditation ou de guet-apens. Ainsi que nous l'avons déjà observé, l'homicide prend les qualifications et subit des peines différentes, en raison des circonstances. La *volonté* lui fait donner la qualification de *meurtre*; il s'appelle *assassinat*, lorsqu'il est précédé de *préméditation* ou de *guet-apens*.

Art. 251. La préméditation consiste *dans le dessein formé avant l'action* d'attenter à la personne d'un individu déterminé, ou *même de celui qui sera trouvé ou rencontré*, quand même ce dessein *serait dépendant de quelque circonstance ou de quelque condition.*

Dans le dessein formé avant l'action. L'homme qui arrête sa pensée sur le crime, qui le médite et le prépare, est évidemment plus criminel que celui qui le commet dans un moment d'emportement, et comme dit un ancien auteur, en chaude meslée; la peine devait, par suite, être plus grave. Les expressions dont se sert la loi nous révèlent la différence qui existe entre la préméditation et la volonté. La volonté de commettre l'homicide, *au moment de l'action*, ne constitue que le meurtre; *avant l'action*, la volonté qui a déjà médité et arrêté l'homicide, constitue l'assassinat. — *Ou même de celui qui sera trouvé ou rencontré.* Ainsi, il y aurait prémédi-

tation dans le meurtre commis sur un domestique
que l'accusé ne connaissait pas même, mais qui se
serait rencontré sur son passage, s'il s'était armé
avec le dessein de tuer les individus quelconques
qui pourraient se rencontrer et s'opposer à ses pro-
jets. — *Serait dépendant de quelque circonstance ou de
quelque condition.* Ainsi, il y aurait préméditation,
lors même que le dessein de tuer aurait été subor-
donné à la circonstance que l'individu se réveille-
rait, ou lors même que la victime n'aurait été frap-
pée qu'autant qu'elle aurait manqué à la condition
que l'accusé lui aurait faite de garder le silence.

Art. 252. Le guet-apens consiste à *attendre plus ou moins
de tems, dans un ou divers lieux,* un individu, soit pour
lui donner la mort, soit pour exercer sur lui des actes de
violence.

*A attendre plus ou moins de tems, dans un ou divers
lieux.* Ainsi, pour qu'il y ait guet-apens, il faut qu'on
se soit mis en embuscade pour attendre un individu. Il est clair qu'on ne saurait se rendre coupable de guet-apens sans avoir prémédité le crime.
Il n'y a jamais guet-apens sans préméditation; mais
il y a souvent préméditation sans guet-apens, puisque la préméditation consiste simplement *dans le
dessein formé avant l'action.*

Art. 273. Quiconque, par maladresse, imprudence, inattention, négligence ou inobservation des réglements , *aura commis involontairement un homicide* , ou en aura involontairement été la cause , sera puni, etc.

Aura commis involontairement un homicide. Si l'homicide n'a été le résultat d'aucune maladresse , d'aucune imprudence , etc. , il n'y a ni crime ni délit (lorsqu'il est le résultat d'un *accident*); mais si l'individu qui a commis l'homicide n'est pas exempt de fautes , il n'y aura pas meurtre , puisqu'il n'y aura eu aucun acte de sa volonté ; il présentera à la justice une conscience pure du sang qu'il aura versé ; mais ce sang répandu, même involontairement , est celui d'un homme ; s'il ne crie pas vengeance , il demande , il doit obtenir une expiation. Il fallait d'ailleurs forcer , par la crainte d'une peine , les hommes à la prudence , dans les actes qui peuvent exposer la vie de leurs semblables ; celui qui en a manqué est coupable ; il a commis un délit que la loi punit de l'emprisonnement et de l'amende.

    Art. 275. Le meurtre ainsi que les blessures et les coups *sont excusables , s'ils ont été provoqués par des coups ou violences graves envers les personnes.*

Si des coups et des violences graves ont emporté un homme loin des bornes de la raison ; si le coupable , dans les transports d'un courroux qui a été provoqué, n'a pu conserver cette liberté d'esprit nécessaire pour agir avec une mûre réflexion, il est coupable sans doute, si sa main s'est souillée de sang, et la loi ne peut se dispenser de punir l'action qu'il a commise; mais il ne peut être, aux yeux de la loi, tout-à-fait aussi coupable que si la provocation qui l'a entraîné n'eût pas existé. Le législateur ne pouvait déterminer avec précision ce moyen d'excuse, il doit varier suivant l'isolement, la position, les qualités physiques ou morales du coupable de ces violences, et de la personne qui les éprouve; mais, dans tous les cas, elle doit être de nature à faire la plus vive impression sur l'esprit le plus fort.

Sont excusables. Quoique excusables, les faits dont il s'agit n'en sont pas moins passibles de peines. Mais ces peines sont bien moins considérables que celles que le coupable eût encourues en l'absence de toute excuse. Il faut bien remarquer qu'il est impossible d'admettre d'autres faits d'excuse *que ceux positivement indiqués par la loi. — S'ils ont été provoqués par des coups ou violences graves.* De simples *menaces* ou des *gestes* ne sont ni coups ni violences graves. — *Envers les personnes.* Ainsi le meurtre aurait été commis, ou les blessures auraient été faites dans un moment d'emportement causé par la mort qui aurait été donnée à un animal qu'on aimait, qu'il n'y aurait pas là une cause admissible d'excuse;

car la loi veut que les coups ou violences aient eu lieu *envers les personnes.*

Art. 281. *Il n'y a ni crime, ni délit, lorsque l'homicide, les blessures et les coups étaient ordonnés par la loi et commandés par l'autorité légitime.*

Il n'y a ni crime, ni délit. Nous avons observé plusieurs fois que la *volonté* était constitutive de la criminalité du fait; de telle sorte que le fait commis dans l'absence de cette volonté, par exemple, par un homme en démence, ne renferme ni crime ni délit; mais nous avons remarqué aussi qu'un fait, même *involontaire*, pouvait devenir un délit, *à raison de l'imprudence ou de la négligence* de l'homme, d'ailleurs raisonnable, qui s'en était rendu coupable. De même nous venons de voir que le crime se transforme en simple délit, si le coupable se trouve placé dans un des cas d'excuse énumérés par la loi. Ici, le législateur s'occupe de circonstances où l'homicide même et les blessures, quoique la volonté de les commettre ait pu exister, ne constituent cependant *ni crime ni délit*, parce que la loi elle-même faisait un devoir d'obéir aux ordres par suite desquels les blessures ont été faites, ou bien parce que la nécessité actuelle d'une légitime défense commandait impérieusement de donner la mort ou de porter des coups. — *Etaient ordonnés par la loi et commandés par l'autorité légitime.*

6

La loi exige la réunion de ces deux circonstances; car il n'appartient pas aux citoyens de se rendre juges de ce qu'ordonne la loi: c'est à l'autorité légitime à commander l'exécution des ordres de la loi.

Art. 282. Il n'y a ni crime, ni délit, lorsque l'homicide, les blessures et les coups *étaient commandés par la nécessité actuelle de la légitime défense de soi-même ou d'autrui.*

Étaient commandés par la nécessité actuelle de la légitime défense de soi-même ou d'autrui. Pour qu'il n'y ait ni crime ni délit, il faut nécessairement la réunion de toutes ces circonstances. Si, par exemple, on pouvait se soustraire à une tentative criminelle par d'autres moyens que celui de l'homicide, il n'y aurait pas *nécessité ;* si l'homicide était commis, le péril étant passé, il n'y aurait pas *nécessité actuelle ;* si l'homicide avait été commis pour échapper à l'accomplissement d'un mandat de justice, il n'y aurait pas *légitime défense ;* enfin, si c'était pour défendre ses propriétés ou les propriétés d'autrui, il n'y aurait pas légitime défense de *soi-même ou d'autrui.*

Art. 333. Quiconque a *soustrait frauduleusement une chose qui ne lui appartient pas*, est coupable de vol.

La vie ne serait souvent qu'un pénible fardeau, dépouillée des jouissances que les biens de la terre nous procurent. Lorsque ces biens sont devenus le prix de nos sueurs, et la récompense de notre industrie, ils ne peuvent plus, même dans l'état naturel, nous être enlevés sans révolter en nous les sentimens de la justice primitive; dans l'état civil, cette soustraction frauduleuse de ce que la loi nous garantit comme notre propriété, est encore plus coupable, parce qu'elle ne blesse plus seulement un intérêt individuel. En effet, c'est principalement pour assurer à chacun ce qui lui appartient, que la société a été établie, et que les citoyens se sont astreints à des sacrifices mutuels; il s'ensuit que toute atteinte aux droits de propriété blesse la société tout entière, qui a dû dès-lors réprimer ces sortes d'attentats par des peines qui impriment dans le cœur de ceux qui seraient tentés de violer ces droits sacrés, une juste terreur.

Soustrait frauduleusement. C'est la circonstance de la *fraude* qui constitue la criminalité dans le fait de soustraire la chose d'autrui. — *Une chose qui ne lui appartient pas.* Cette circonstance complette la définition. Il ne saurait y avoir vol que de la chose d'autrui; mais ce principe doit être sagement entendu : ainsi, le propriétaire d'un enclos affermé, qui s'y serait furtivement introduit pour y dérober des fruits, commettrait un véritable vol, ces fruits étant la chose du locataire.

Ainsi que nous l'avons déjà remarqué, la loi a

déterminé cinq circonstances aggravantes de la peine infligée au vol simple, c'est-à-dire, à une simple soustraction frauduleuse : c'est lorsque le vol a été commis *à main armée*, *avec effraction*, *escalade*, *fausses-clefs* ou *à l'aide de violence*, *lors même que cette violence n'a laissé aucune trace de blessure ou de contusion*.

A main armée. Il est certain que celui qui porte une arme lorsqu'il va commettre un vol, prémédite un meurtre, dans le cas où le propriétaire ou toute autre personne voudrait s'opposer au vol; et par suite, il devait être puni plus sévèrement. On trouve la définition du mot *armes* dans l'article 75 du code pénal.

Art. 75. Sont compris dans le mot *armes*, toutes machines, (pistolets, fusils , etc.), tous instrumens ou ustensiles tranchans , perçans ou contondans.

Les couteaux et ciseaux de poche, les cannes simples ne seront réputés *armes* qu'autant qu'il en aura été fait usage pour tuer, blesser ou frapper.

Effraction. On en trouve la définition dans cet article.

Art. 285. Est qualifié *effraction*, tout forcement, rupture, dégradation, démolition, enlèvement de murs, toîts, planchers, portes, fenêtres, serrures, cadenas ou autres ustensiles ou instrumens servant à fermer ou empêcher le passage, et de toute espèce de clôture, quelle qu'elle soit.

L'escalade se définit ainsi :

ART. 286. Est qualifiée *escalade*, toute entrée dans les maisons, bâtimens, cours, basses-cours, édifices quelconques, jardins, parcs et enclos, exécutée par-dessus les murs, portes, toitures ou toute autre clôture.

L'entrée par une ouverture souterraine, autre que celle qui a été établie pour servir d'entrée, est une circonstance de même gravité que l'escalade.

Les fausses-clefs sont ainsi qualifiées :

ART. 336. Sont qualifiées *fausses-clefs*, tous crochets, rossignols, passe-partout, clefs imitées, contrefaites, altérées, ou qui n'ont pas été destinées par le propriétaire, locataire, ou logeur, aux serrures, cadenas ou aux fermetures quelconques auxquelles le coupable les aura employées.

Quant à la *violence* qui peut être employée par le coupable de vol, les circonstances seules peuvent la faire apprécier : on ne saurait la préciser.

FIN.